애나 클레이본 글 루크 새킹 머기 그림   멍 멍!   정아영 옮김

시고뭉치들과 함께하는

물질 이야기

스푼북

글 애나 클레이본 Anna Claybourne
영국 요크셔주에서 어린 시절을 보낸 뒤 옥스퍼드 대학교에서 영문학을 공부했어요. 현재는 프리랜서 작가와 편집자로 활동하고 있답니다. 과학과 자연 분야에 관심이 많아서 야생 동물, 화산, 지진 등에 관한 책을 썼어요. 국내에 소개된 책으로《뜨거운 지구》《참 쉬운 진화 이야기》《열두 살 궁그미를 위한 지구과학》등이 있어요.

그림 루크 새깅 머기 Luke Séguin-Magee
어렸을 때부터 여동생을 위해 캐릭터를 만들어 낙서하기를 즐겼어요. 이후 캐나다에서 미술을, 덴마크에서 디자인을 공부했어요. 일러스트레이션과 애니메이션 작업을 하다가, 지금은 어린이를 위해 엉뚱한 이야기와 만화를 만들고 있답니다.

옮김 정아영
고려대학교 정치외교학과를 졸업했어요. 한겨레 어린이·청소년 책 번역가 그룹에서 활동한 뒤, 다양한 독자를 위한 번역 작업을 이어가고 있답니다. 옮긴 책으로《세상이 확 달라지는 정치 이야기》《오줌 X파일》《과학의 미래가 여성이라면》《진실 탐정이 되자》외 여러 권이 있어요.

사고뭉치들과 함께하는 물질 이야기

초판 1쇄 발행 2025년 5월 28일 | **글** 애나 클레이본 | **그림** 루크 새깅 머기 | **옮김** 정아영
발행처 주식회사 스푼북 | **발행인** 박상희 | **총괄** 김남원
편집 길유진 박선정 이민주 이지은 | **디자인** 권수아 정진희 | **마케팅** 박병건 박미소
출판신고 2016년 11월 15일 제2017-000267호 | **주소** (03993) 서울시 마포구 월드컵북로6길 88-7 ky21빌딩 2층
전화 02-6357-0050(편집) 02-6357-0051(마케팅) | **팩스** 02-6357-0052 | **전자우편** book@spoonbook.co.kr
ISBN 979-11-6581-589-9 (77400)

* 책값은 뒤표지에 있습니다.
* 잘못 만들어진 책은 구입하신 곳에서 바꾸어 드립니다.

Dogs Do Science: Materials
Text by Anna Claybourne
Illustrations by Luke Séguin-Magee
First published in Great Britain in 2023 by Wayland
Copyright © Hodder and Stoughton Limited, 2023
Korean edition copyright © Spoonbook, Inc., 2025
All rights reserved.

이 책의 한국어판 저작권은 신원 에이전시를 통해 Hodder and Stoughton Limited와 독점 계약한 ㈜스푼북에 있습니다.
저작권법에 의해 한국 내에서 보호를 받는 저작물이므로 무단전재와 무단 복제를 금합니다..

 | **제품명** 멍멍! 사고뭉치들과 함께하는 물질 이야기
제조자명 주식회사 스푼북 | **제조국명** 대한민국 | **전화번호** 02-6357-0050
주소 (03993) 서울시 마포구 월드컵북로6길 88-7 ky21빌딩 2층
제조년월 2025년 5월 28일 | **사용연령** 4세 이상
※ KC마크는 이 제품이 공통안전기준에 적합하였음을 의미합니다.

⚠ **주 의**
아이들이 모서리에 다치지 않게 주의하세요.

차례

댕댕이와 함께 신기한 물질의 세계로! ·4

점프! 점프왕, 잭 러셀 테리어 ·6
보르조이와 보이지 않는 벽 ·8
우주로 나간 댕댕이 ·10
스태퍼드셔 불테리어의 나뭇가지 ·12
바다에 간 비글 ·14

아주 특별한 실험 스패니얼의 '뜨거나, 가라앉거나' ·16

추위 걱정 뚝, 콜리의 따뜻한 옷 ·18
위험해, 달마티안! ·20
댕댕이의 시간 여행 : 1941년으로! ·22
휘핏의 겨울 이야기 ·24
웨스티와 차가운 물벼락 ·26

머리에 쏙쏙 '물질' 총정리 1, 2 ·28
정답 ·32

댕댕이와 함께 신기한 물질의 세계로!

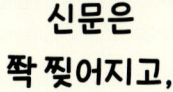

점프! 점프왕, 잭 러셀 테리어

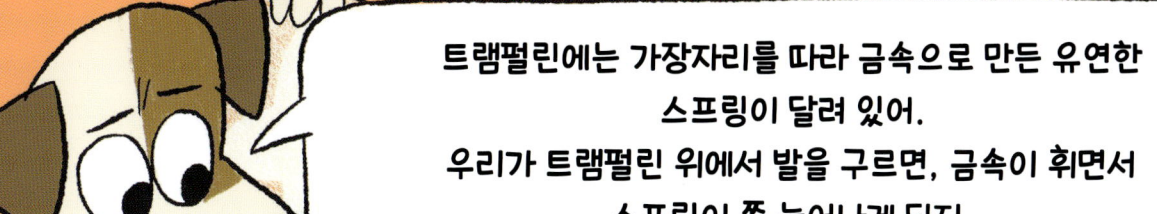

보르조이와 보이지 않는 벽

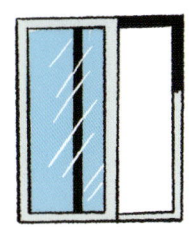

우주로 나간 댕댕이

캡틴 댕댕이의 일지 | 우주 날짜: 토요일 오후

오늘 우리는 태양계에서 가장 큰 행성인 목성에 도착했다. 정말 어마어마하다! 주황색 줄무늬로 가득한 목성은 소용돌이치는 폭풍으로 뒤덮여 있었다. 그야말로 환상적이다! 목성을 방문하는 건 나의 오랜 꿈이었으니 말이다. 나는 스코티 중위에게 서둘러 착륙 준비를 하라고 명령했다.

캡틴 댕댕이의 일지 | 우주 날짜: 토요일 저녁

스코티 중위가 목성에는 착륙할 수 없다고 거절했다. 얼마나 실망스럽던지! "절대, 절대, 절대 안 돼요, 캡틴! 그랬다간 영영 다시 돌아올 수 없을 거라고요!" 목성에는 딱딱한 땅이 없어서 착륙할 수 없단다. 흥, 좋다 말았네.

캡틴 댕댕이의 일지 | 우주 날짜: 토요일 밤

이제 알았다! 지구나 화성같이 태양과 가까운 행성들은 바위로 이루어진 단단한 땅이 있어서 발을 디딜 수 있다. 하지만 목성이나 토성같이 태양에서 멀리 떨어진 행성들은 대부분 '기체'와 '액체'로 이루어져 있다. 그러니 착륙하려고 하면, 그냥 푹 빠질 수밖에! 그래서 이 행성들을 '거대 가스 행성'이라고 부른다!

기타 발견 사항:

- 행성도 다양한 물질들로 이루어져 있다는 사실을 알았다. 물질은 '고체', '액체', '기체' 세 가지 상태로 존재할 수 있다. 이를 가리켜 '물질의 상태'라고 한다.
- 좋은 소식! 목성의 위성들은 고체로 되어 있다. 그래서 착륙하는 데 아무 문제가 없단다. 우리는 목성 대신 유로파에서 소풍을 즐기기로 했다. 게다가 과학자들이 이야기하길, 유로파에는 외계 생명체들이 살 수도 있단다. 야호! 신난다, 신나!

잠깐

이오, 유로파, 가니메데, 칼리스토는 목성 주위를 도는 위성이에요. 수십 개에 달하는 목성의 위성 중 가장 큰 네 개랍니다.

칼리스토

아주 특별한 실험

스패니얼의 '뜨거나, 가라앉거나'

"안녕하세요, 여러분! 특별한 실험에 참가하신 걸 환영해요! 지금부터 '물질 분류'가 시작된답니다. 머리 좀 써 볼까요?"

"자, 여기에 제가 집에서 찾아낸 자그마한 물건들을 늘어놓았어요. 어때요, 멋지죠? (물어뜯지 않았다고요! 그게, 아마도요.) 이것들은 모두 다른 물질로 만들어져 있어요."

나무 연필

돌멩이

코르크 병마개
(코르크나무 등의 껍질에서 얻는 재료)

금속 열쇠

구리 동전

플라스틱 단추

유리구슬

조개껍데기

딸기

미션
스패니얼의 수집품을 물에 뜨는 것과 물에 가라앉는 것으로 나눠 보세요!

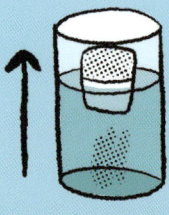
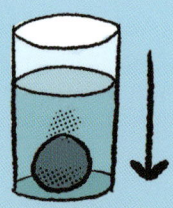

실제로 큰 그릇에 물을 담은 뒤, 물건들을 넣어서 실험해 보세요.
(이때 어른의 도움을 받는 걸 잊지 마세요!)
번거롭다면 그림을 보고 알아맞혀 봐도 좋아요.
어떤 물질들은 물보다 밀도가 낮아서 물에 뜬답니다. 다르게 말하면,
크기에 비해 무겁지 않아서 물에 뜬다는 뜻이에요. 물이 떠받쳐 주는 거지요!
반면에 물보다 밀도가 높은 물질들은 물 밑으로 가라앉아요.
잘 모르겠다고요? 32쪽의 정답을 참고하세요!

스패니얼 그릇

난센스 퀴즈!

바다는 바다인데, 물이 없는 바다는 어디에 있을까~요?

지도에 있지요!

위험해, 달마티안!

한적한 오후, 달마티안네 집
크르르, 콰직! 콱! 우물우물…….

바스락! 쩝쩝! 크르르르!

와앙, 크릉! 질겅질겅, 크르르!

하하, 저 신경 안 쓰셔도 돼요.
그냥 이것저것 물고 씹고,
신나게 놀고 있을 뿐이거든요!
씹는 게 세상에서 제일 재밌다니까요?

오, 이건 또 뭐지?
말랑말랑 씹기 딱 좋게
생겼는데?

잠깐! 안 돼, 그건 절대 물면 안 돼!

댕댕이의 시간 여행 : 1941년으로!

여러분, 시간 여행을 할 준비가 되었나요?
지금부터 푸들 박사와 함께 과거로 여행을
떠나 볼 거예요, 멋진 시간 여행 장치를 타고 말이지요!
아, 푸들 박사가 누구냐고요? 바로 저예요.
자, 얼른 타세요. 출발합니다!

걱정하지 마세요, 오래 걸리지 않아요.
겨우 1941년으로 돌아갈 뿐이거든요.
우리는 지금 발명가 조르주 드 메스트랄과
그 발명가보다 더 중요한 역할을 한 댕댕이,
밀카를 만나러 가는 길이에요!

시간 : 1941년 | 장소 : 스위스

놀라워, 아주 놀라워. 도대체 어떤 원리지?

아, 이거 말씀이신가요?
간단히 소개하자면, 제가 만든
낡은 시간 여행 장치인데…….

멍멍!

음? 아니요, 그거 말고요. 놀라운 건 따로 있어요. 바로 이거 말이에요. 보이시나요?

저희가 숲으로 산책하러 갈 때마다, 이런 가시 같은 열매가 온통 달라붙는답니다. 특히 밀카의 털에 덕지덕지 들러붙지요.

그런데 열매를 떼어 내 보니, 전혀 끈적이지 않더라고요! 참 이상하지요?

메스트랄은 현미경으로 열매를 자세히 살폈어요. 그러다 가시 끝에서 작은 갈고리를 발견했지요. 갈고리가 동물의 털이나 천에 걸려 딱 달라붙게 되는 원리였어요.

갈고리와 비슷한 모양의 가시가 달린 우엉 열매

메스트랄은 '이걸 흉내 내면 두 물체를 쉽게 붙였다 떼었다 할 수 있겠는데?'라고 생각했어요. 그렇게 여러 해 동안 연구한 끝에, 갈고리와 고리가 만나서 딱 붙는 '벨크로'를 발명했답니다.

지금 우리는 신발, 가방, 옷, 그리고 강아지 옷까지, 수많은 물건을 고정하는 데 벨크로를 쓰고 있어요.

지직!

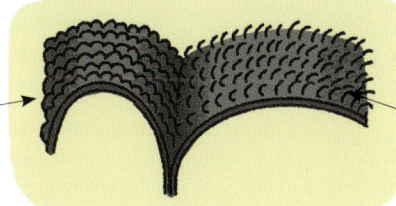

한쪽 면의 작은 고리들

다른 쪽 면의 작은 갈고리들

심지어 우주 비행사도 물건을 고정하기 위해 벨크로를 사용해요.

다시 말하면, 식물에서 아이디어를 얻어 탄생한 멋진 인공 물질이라고 할 수 있지요!

내 털도 한몫했다고요! 멍멍!

지지직!

휘핏의 겨울 이야기

머리에 쏙쏙 '물질' 총정리 1

물질이란 무엇일까요?

물질은 '물체를 이루는 온갖 재료'를 말해요. 물질의 종류는 나무, 유리, 물, 고무, 종이, 플라스틱, 금속 등 매우 다양하답니다.

금속은 나무보다 단단하고, 나무는 독특한 무늬가 있어요. 플라스틱은 나무보다 가볍고 다양한 모양으로 만들기 쉽지요. 고무는 늘어나도 곧 다시 원래 상태로 되돌아가요. 반면에 유리는 깨지면 다시 원래 모습으로 돌아갈 수 없어요. 댕댕이가 알아낸 것처럼, 물질마다 성질과 할 수 있는 일이 다르답니다. 또 상황에 따라 저마다 다르게 반응하지요.

휘고 늘어나는 물질

어떤 물질들은 휘거나 늘어난 뒤, 다시 원래 모습으로 돌아올 수 있어요. 트램펄린에 달린 금속 스프링처럼 말이에요! 늘어났다가 다시 돌아오는 '물질의 성질'을 이용한 물체는 우리 주변 곳곳에서 찾아볼 수 있답니다. 고무줄도 금속 스프링처럼 늘어나는 성질을 이용한 생활용품이에요. 대신 금속이 아니라 고무로 만들어진 게 다르지요. 물질의 성질을 알면 주변 물체들이 새로워 보일 거예요.

투명한 물질

유리, 물, 그리고 몇몇 플라스틱은 반대쪽이 훤히 비쳐요. 그러니까 투명하다는 뜻이에요. 투명한 물질은 잘 보이지 않아서, 알아채지 못할 수도 있어요. 보르조이가 코를 박고 나서야 깨달은 것처럼 말이에요!
투명한 물질은 여러모로 우리 생활에 도움을 준답니다. 유리창은 햇빛을 통과시켜 집 안을 환하고 따뜻하게 만들어요. 또 유리컵은 안에 담긴 것이 물인지, 우유인지, 먹으면 안 되는 세제인지 쉽게 알 수 있게 해 주지요.

물질의 상태

물질은 보통 고체, 액체, 기체의 세 가지 중 하나로 존재해요. 이를 가리켜 '물질의 상태'라고 부른답니다. 고체는 딱딱해서 손으로 잡을 수 있어요. 또 모양이 쉽게 변하지 않지요. 반면에 액체는 손으로 잡을 수 없어요. 잡으려고 하면 손가락 사이로 흘러 버리거든요. 또 모양이 쉽게 바뀌어서, 그릇에 부으면 그릇 모양에 따라 달라져요. 기체도 손으로 잡을 수 없어요. 우리가 마시는 공기도 기체인데, 잡지는 못하지만 바람이 불면 피부로 느낄 수 있답니다. 목성은 기체로 이루어져 있어요. 기체는 손으로 잡을 수 없으니, 착륙은 더더욱 할 수 없겠지요.

자연 물질과 인공 물질

우리는 주변에서 다양한 물질을 얻어요. 그중에는 자연 그대로의 물질도 있고, 사람들이 자연 물질을 변화시켜서 만든 물질도 있어요. 예를 들어, 나뭇가지는 자연 물질인 나무에서 얻은 거예요. 따뜻한 이불을 만들 때 쓰는 양털이나 베개에 넣는 포근한 오리털도 마찬가지예요. 그렇지만 장난감 공은 플라스틱으로 만들어요. 플라스틱은 석유를 원료로 사용해 복잡한 과정을 거쳐 만들어 낸 물질이에요. 이렇게 사람 손을 거쳐 만들어진 물질을 '인공 물질'이라고 부른답니다.

머리에 쏙쏙
'물질' 총정리 2

끝난 줄 알았다고요?
그럼 댕댕이가 섭섭하지요.
자, 문제! 이 책에 등장한 댕댕이는
총 몇 마리일까요? 정답이요?
저도 몰라요. 너무 많거든요!

물에 녹는 물질

어떤 물질들은 액체에 녹을 수 있어요. 소금이 물에 녹는 것처럼요. 소금은 물에 녹으면 아주 작은 알갱이로 쪼개져서, 더 이상 눈에 보이지 않아요. 하지만 소금의 성질은 그대로 남아 있답니다. 바닷물을 마시면 소금의 짠맛이 느껴지는 게 바로 그 증거지요! 그렇다고 한없이 물에 소금을 녹일 수 있는 건 아니에요. 물에 녹을 수 있는 소금의 양은 정해져 있어서, 그 양을 넘어가면 더 이상 녹지 않거든요.

물에 뜨는 물질

물질은 저마다 밀도가 달라요. 밀도는 물질이 뜨거나 가라앉는 성질과 관련이 있어요. 밀도가 물보다 낮은 물질은 물에 뜨고, 밀도가 물보다 높은 물질은 물속으로 가라앉아요! 공기도 마찬가지랍니다. 우리가 입으로 불어서 만든 풍선은 바닥으로 내려앉지만, 헬륨을 넣은 풍선은 하늘 높이 날아오르지요. 공기보다 밀도가 낮은 헬륨은 위로 떠오르고, 공기보다 밀도가 높은 이산화 탄소는 바닥으로 가라앉기 때문이에요.

여러 가지 물질을 섞어서 만든 물체

사람들은 다양한 물질을 섞어서 사용하기도 해요. 책상을 예로 들어 볼까요? 윗면은 자연 물질인 나무로 만들어서 따뜻한 느낌을 주고, 다리 부분은 인공 물질인 단단한 철로 만들어서 흔들리지 않아요. 강아지 옷도 마찬가지예요! 푹신한 물질은 따뜻한 공기를 가두어 포근하게 만들어 주지요. 또 방수 물질은 비를 막아 주어요. 물론 방수 면이 바깥쪽으로 오게 입을 때만 제 기능을 발휘할 수 있답니다.

전기가 통하는 물질

전선은 특별한 물질로 만들어요! 안쪽은 구리처럼 전기를 흘려보낼 수 있는 물질인 '전도체'로 만든답니다. 전선이 하는 역할이 전기를 여기저기로 보내는 거니까요. 그렇지만 전선은 안전을 위해 전기가 새지 않도록, 플라스틱같이 전기가 통하지 않는 물질로 덮여 있어야 해요. 이렇게 전기가 통하지 않는 물질을 '부도체'라고 부르지요.
전기가 통하는 물체에 닿는 걸 '감전'이라고 하는데, 순간적으로 충격을 받을 수 있어서 무척 위험하답니다. 댕댕이들도 여러분도, 절대로 전선을 함부로 만지거나 입에 물지 않도록 조심해야 해요!

물질의 발명

아주 오래전부터 사람들은 기발한 생각을 떠올리곤 했어요. 그리고 창의력을 발휘해 새로운 물질을 발명했지요. 인류가 만든 새로운 물질은 수도 없이 많아요. 석유로 만든 플라스틱은 갖가지 모양의 제품이 돼요. 철과 다른 재료를 섞어 만든 강철은 무척 단단해서 자동차와 아파트 등을 만들 때 사용하지요. 시멘트와 모래를 섞어 만드는 콘크리트 역시 주변 곳곳에 이용된답니다. 그리고 우리가 살펴본 벨크로까지. 벨크로는 동물 털에 붙은 식물의 가시에서 탄생했답니다!

물질의 상태 변화

물질은 고체, 액체, 기체 세 가지 상태로 존재해요. 또 상태가 바뀔 수도 있지요. 예를 들어, 액체인 물은 차가워지면 얼어서 고체인 얼음이 되어요. 또 따뜻해지면 녹아서 다시 물이 되지요. 그리고 물이 증발해 기체인 수증기가 되어 공기 중으로 날아가기도 한답니다. 얼음 분자들은 매우 가까이 모여 있고 쉽게 움직이지 않아요. 물 분자들은 제법 떨어져 있어서 조금씩 움직여요. 수증기 분자들은 멀리 떨어져 있어서 매우 활발히 움직이지요. 이처럼 물질의 상태가 변하는 현상을 '상태 변화'라고 부른답니다.

스패니얼의 '뜨거나, 가라앉거나'

어떤 물질이 물에 가라앉고, 어떤 물질이 뜨는지 알아냈나요?

가라앉는 것

구리 동전　금속 열쇠　플라스틱 단추

조개껍데기　돌멩이　유리구슬

뜨는 것

코르크 병마개　나무 연필　딸기

난센스 퀴즈!

당신의 반려견이 느리다는 걸 어떻게 알았냐고요?

어제 주차한 차를 아직 쫓고 있던데요?